はじめに

　「新版 音楽ドリル・ワークブック」⑦は、小学校高学年生以上を対象としたピアノ教室用問題集です。

　練習問題と応用問題で構成される各ステップは、生徒の音楽基礎能力が高まるよう配慮してあります。また、テスト問題は、理解度が確認できるよう、各ステップより出題してあります。

　「新版 音楽ドリル・ワークブック」①〜⑦は、「新版 音楽ドリル」①〜⑦の内容を応用発展させたもので、問題の量・質ともにさらに多彩なものになっています。

　なお、「新版 音楽ドリル」⑦に「新版 音楽ドリル・ワークブック」⑦を併用することにより、生徒の理解度はさらに高まります。

田 丸 信 明

も く じ

ステップ①	練習問題（1）	4
	練習問題（2）	5
	練習問題（3）	6
	応用問題（1）	7
ステップ②	練習問題（1）	8
	練習問題（2）	9
	練習問題（3）	10
	応用問題（2）	11
ステップ③	練習問題（1）	12
	練習問題（2）	13
	練習問題（3）	14
	練習問題（4）	15
	練習問題（5）	16
	練習問題（6）	17
	練習問題（7）	18
	応用問題（3）	19
ステップ④	練習問題（1）	20
	練習問題（2）	21
	練習問題（3）	22
	応用問題（4）	23

ステップ⑤	練習問題（1）	24
	練習問題（2）	25
	練習問題（3）	26
	練習問題（4）	27
	練習問題（5）	28
	練習問題（6）	29
	練習問題（7）	30
	応用問題（5）	31
ステップ⑥	練習問題（1）	32
	練習問題（2）	33
	練習問題（3）	34
	練習問題（4）	35
	練習問題（5）	36
	練習問題（6）	37
	練習問題（7）	38
	応用問題（6）	39
ステップ⑦	練習問題（1）	40
	練習問題（2）	41
	練習問題（3）	42
	練習問題（4）	43
	練習問題（5）	44
	応用問題（7）	45

テスト（1）	46
テスト（2）	47
テスト（3）	48
解　　　答	49～53

ステップ ①

おぼえましょう
複付点二分音符（ふくふてん）

練習問題（1）

1. 音符の名前を書きましょう。

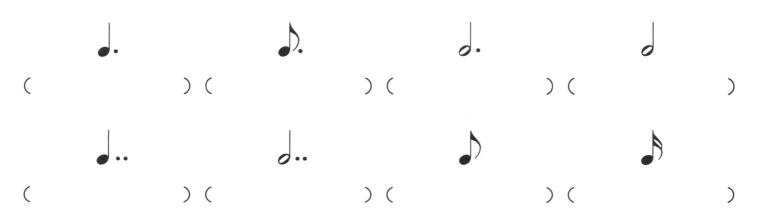

2. 長い方の音符に○を書きましょう。

練習問題（2）

1. 同じ長さの音符を線でつなぎましょう。

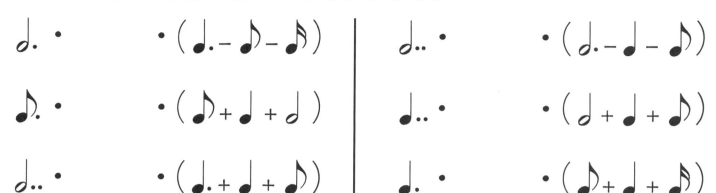

2. （ ）の中に音符を1つ書きましょう。

♩ +（ ）+ 𝅗𝅥 = 𝅗𝅥..　　　♪ + ♩ + ♪ =（ ）

𝅝 − ♪ −（ ）= 𝅗𝅥..　　　♩ + 𝅗𝅥 + ♪ =（ ）

𝅗𝅥.. −（ ）− ♪ = ♩　　　𝅗𝅥.. + ♪ +（ ）= 𝅝

3. リズム譜に縦(じゅう)線を書きましょう。

練習問題（3）

1. 拍子記号に合う音符を、（ ）の中に1つ書きましょう。

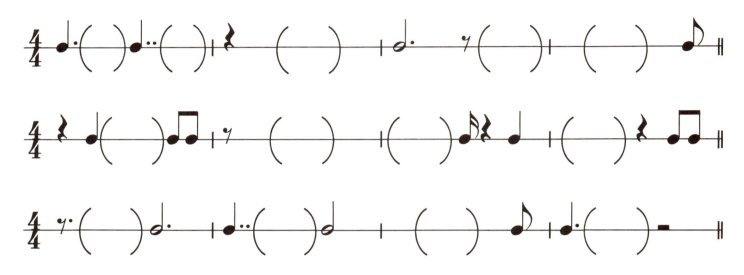

2. 音符と休符の中で、長さが2番目と6番目に長いのは、どれですか。
（ ）の中に数字を書きましょう。

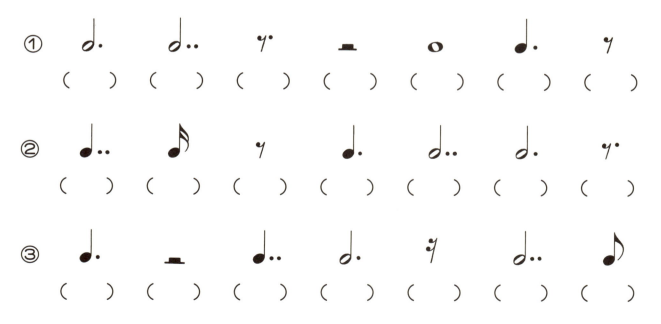

応用問題（1）

1. 音符の長さの短い順に番号を書きましょう。

（　）（　）（　）（　）（　）（　）（　）

2. 音符と休符の、長さの長い順に番号を書きましょう。

（　）（　）（　）（　）（　）（　）（　）

3. ①〜⑥の音符について答えましょう。

① 付点四分音符　　② 付点八分音符　　③ 八分音符

④ 複付点四分音符　⑤ 十六分音符　　　⑥ 複付点二分音符

- ①と⑤を合わせると、何番の音符になりますか。（　　）
- 四分音符から⑤を引くと、何番の音符になりますか。（　　）
- ③に何番の音符を合わせると、全音符になりますか。（　　）
- 二分音符から④を引くと、何番の音符になりますか。（　　）
- 全音符から⑥を引くと、何番の音符になりますか。（　　）

練習問題（1）

1. 音符の長さを書きましょう。（$\frac{4}{4}$拍子のとき）

2. （　）の中に音符を1つ書きましょう。

3. 音符の名前を書きましょう。

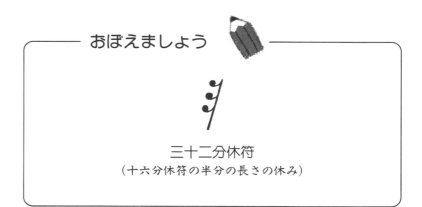

練習問題（２）

1. （ ）の中から正しい休符を選んで、○で囲みましょう。

    ① 𝄽 の 1/4 の長さの休符は　（ 𝄾　𝄿　𝅀　𝄾 ）

    ② 𝄾 の 1/4 の長さの休符は　（ 𝅀　𝄿　𝄽　𝄾 ）

    ③ 𝄺 の 1/4 の長さの休符は　（ 𝄿　𝄾　𝅀　𝄽 ）

    ④ 𝄿 の半分の長さの休符は　（ 𝄽　𝄾　𝅀　𝄾 ）

2. （ ）の中に休符を１つ書きましょう。

    ♪ ＝ （　　　）　　　♪. ＝ （　　　）　　　♬ ＝ （　　　）

    ♩. ＝ （　　　）　　　♬ ＝ （　　　）　　　♩ ＝ （　　　）

3. 休符の名前を書きましょう。

    𝄿　　　　　　　　𝄾　　　　　　　　𝅀

    （　　　　　）（　　　　　）（　　　　　）

練習問題（3）

1. 音符と休符の、長さを書きましょう。

2. （ ）の中に休符を1つ書きましょう。

3. （ ）の中に音符を1つ書きましょう。

応用問題（2）

1. 拍子記号に合う音符を、（　）の中に1つ書きましょう。

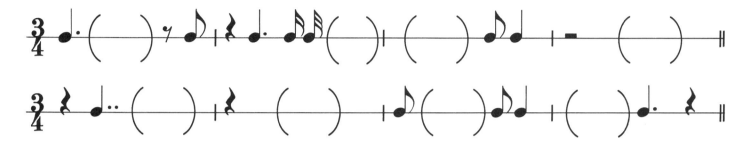

2. 拍子記号に合う休符を、（　）の中に1つ書きましょう。

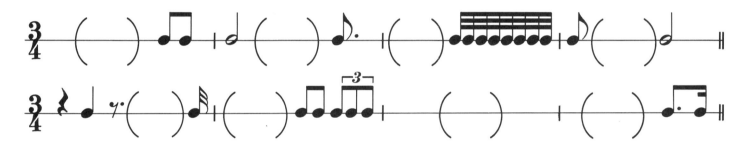

3. 音符と休符の、名前を書きましょう。

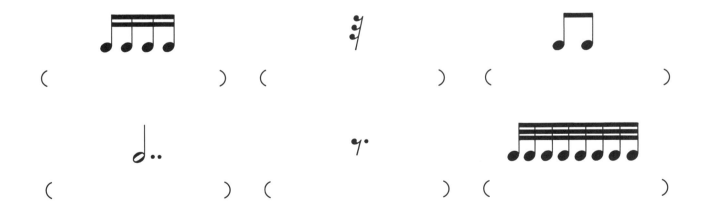

4. 音符と休符の、長さの短い順に（　）の中に番号を書きましょう。

練習問題（１）

- 音程を書きましょう。

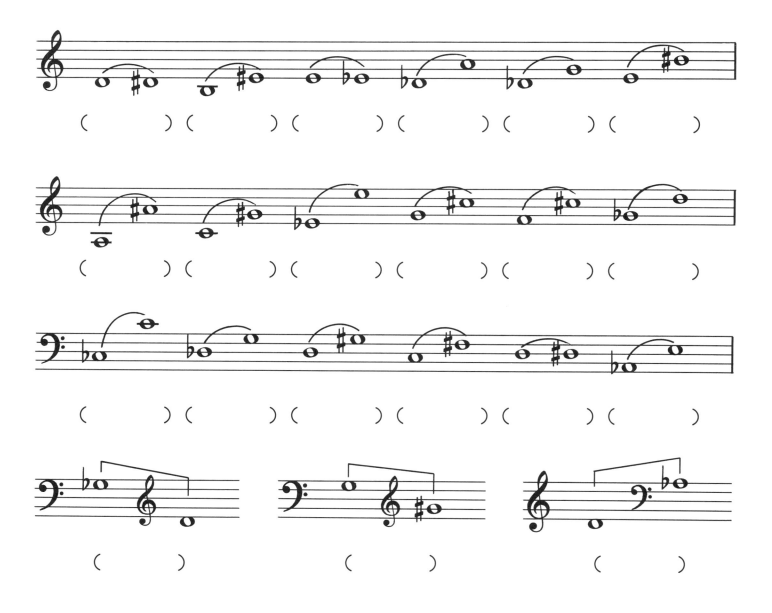

練習問題(2)

- 音程を書きましょう。

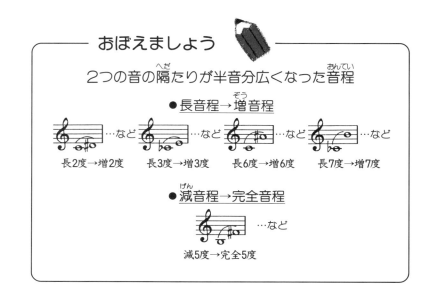

練習問題(3)

• 音程を書きましょう。

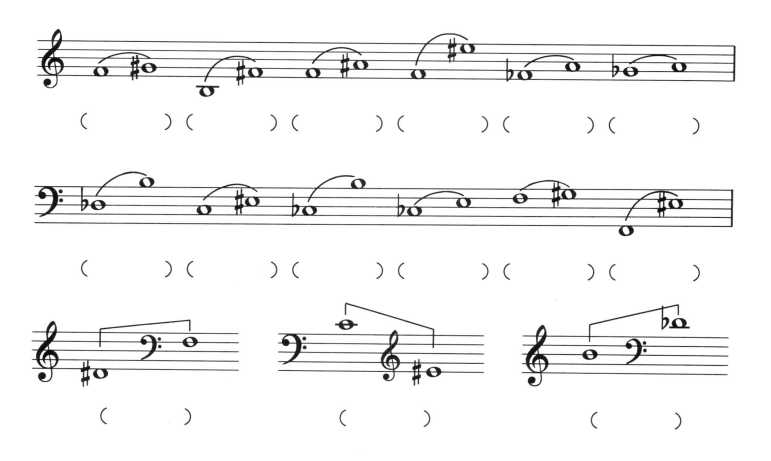

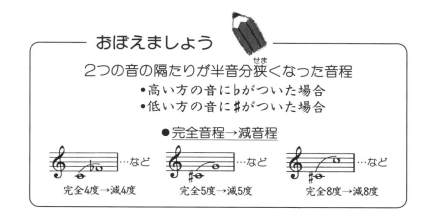

練習問題(4)

- 音程を書きましょう。

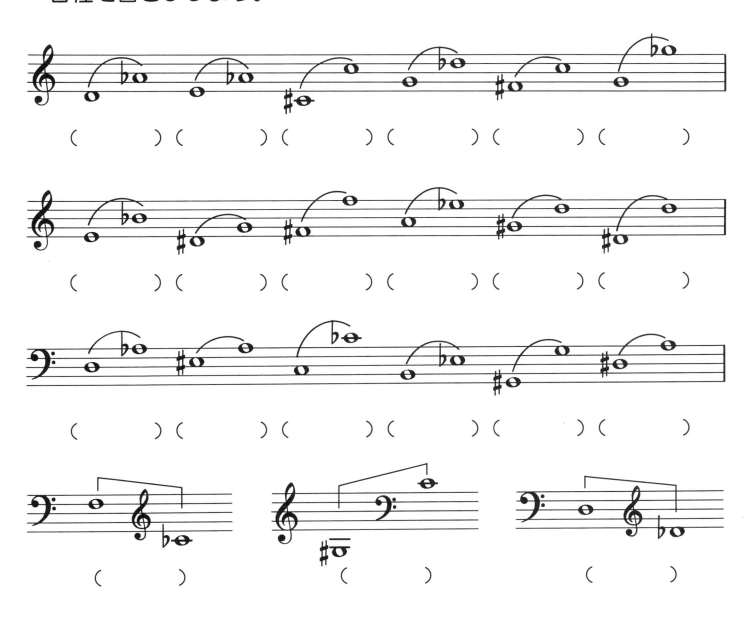

練習問題(5)

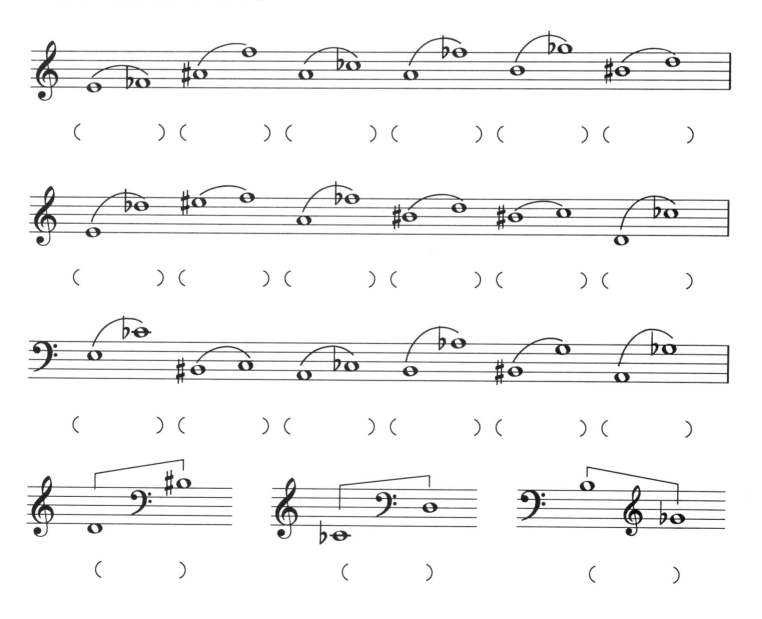

練習問題（6）

- 音程を書きましょう。

練習問題（7）

・Aと同じ音程をBの中から選んで、（ ）の中に○を書きましょう。

応用問題（3）

1. 音程を書きましょう。

（　　）（　　）（　　）（　　）（　　）（　　）

（　　）（　　）（　　）（　　）（　　）（　　）

2. ドイツ音名をみて、音程を書きましょう。

　　C　Cis　　Es　d　　F　B　　Gis　H
　（　　）　（　　）　（　　）　（　　）

　　Dis　d　　As　f　　D　cis　　Ges　c
　（　　）　（　　）　（　　）　（　　）

3. 日本音名とドイツ音名をみて、同じ音程を線でつなぎましょう。

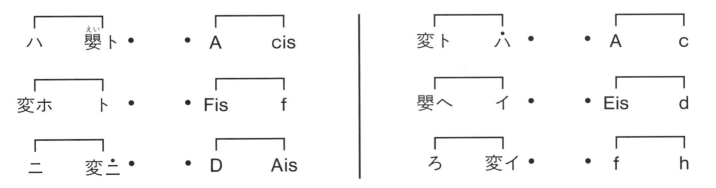

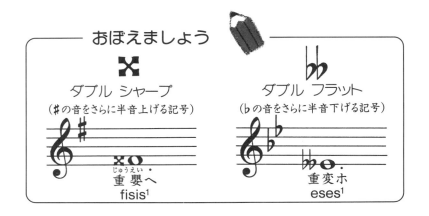

練習問題（1）

1. 同じ高さの音を線でつなぎましょう。

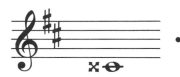 ・ ・ 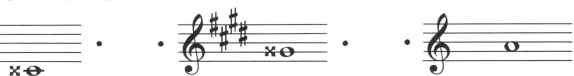 ・ ・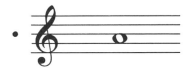

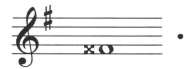 ・ ・  ・ ・

 ・ ・  ・ ・

2. 次の音は、どの鍵盤（けんばん）を弾（ひ）きますか。○の中に番号を書きましょう。

①  ②  ③

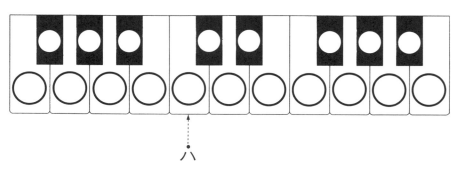

ハ

練習問題（2）

1. 鍵盤をみて、答えましょう。

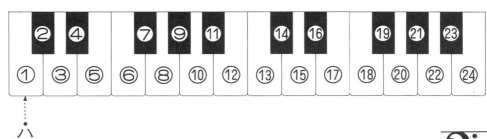

- ③の音を 𝄪 を使って、二分音符で書きましょう。

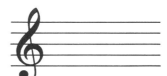
- ⑱の音を ♯ を使って、全音符で書きましょう。

- ㉒の音を ♭ を使って、八分音符で書きましょう。

2. 音の低い順に、（　）の中に番号を書きましょう。

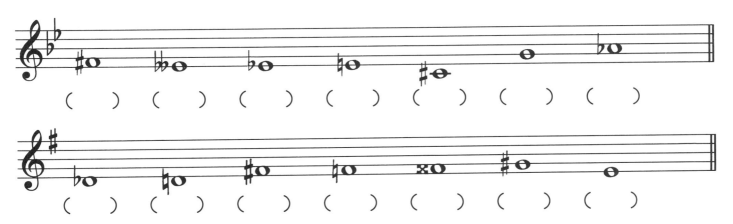

3. 同じ高さの音を決められた記号を使って、全音符で書きましょう。

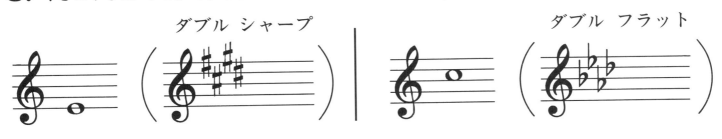

練習問題（3）

1. 同じ高さの音を線でつなぎましょう。

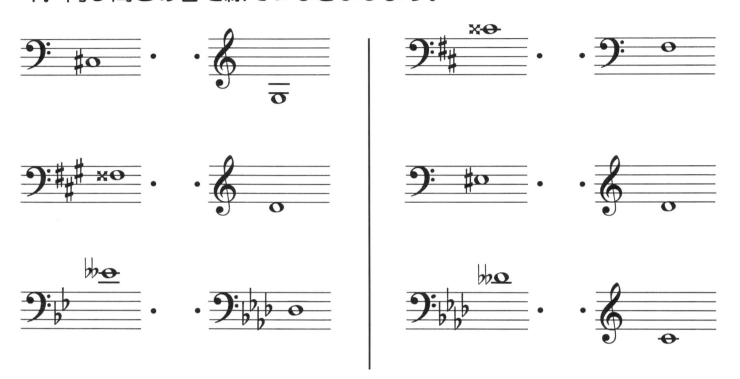

2. 高い方の音に○を書きましょう。

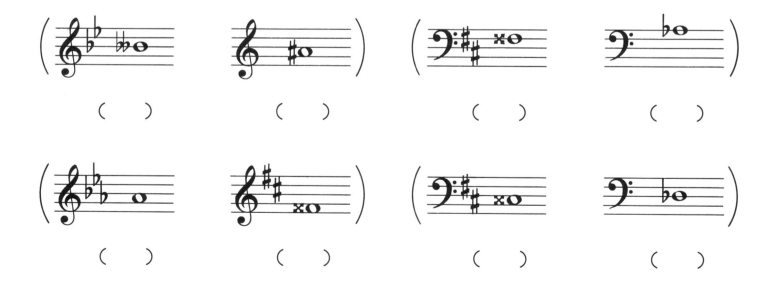

応用問題（4）

1. 同じ高さの音を選んで、（　）の中に○を書きましょう。

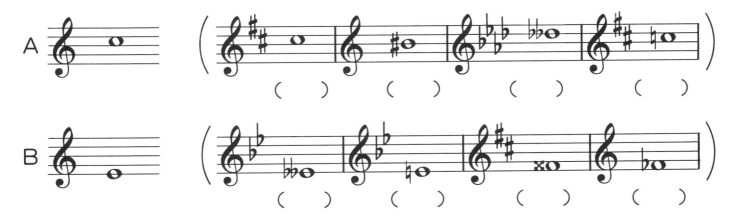

2. 次の音の鍵盤は、どれですか。（　）の中に番号を書きましょう。

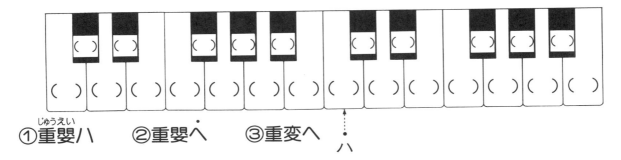

①重嬰ハ　　②重嬰ヘ　　③重変ヘ

3. 楽譜をみて、答えましょう。

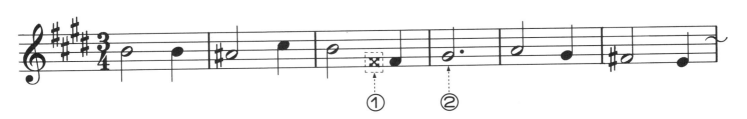

- ①の記号の意味を書きましょう。
（　　　　　　　　　　　　　　　）

- ②の音をドイツ音名で書きましょう。（　　　）

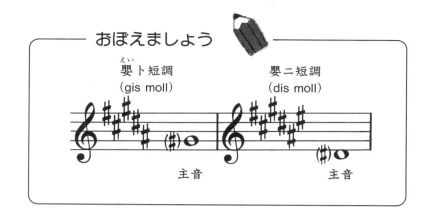

練習問題（1）

- 次の短音階の種類を書きましょう。

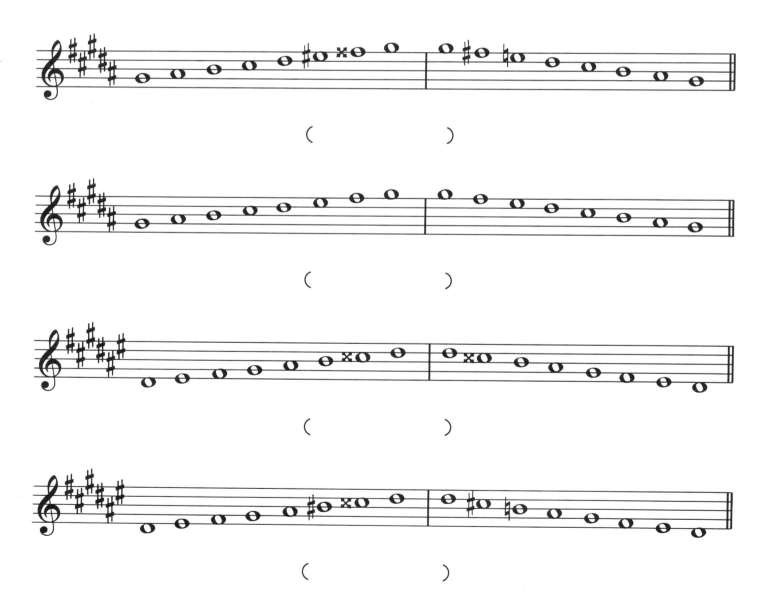

（　　　　　）

（　　　　　）

（　　　　　）

（　　　　　）

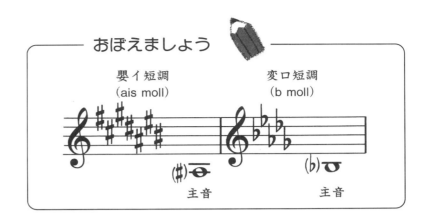

練習問題（2）

- 次の短音階の種類を書きましょう。

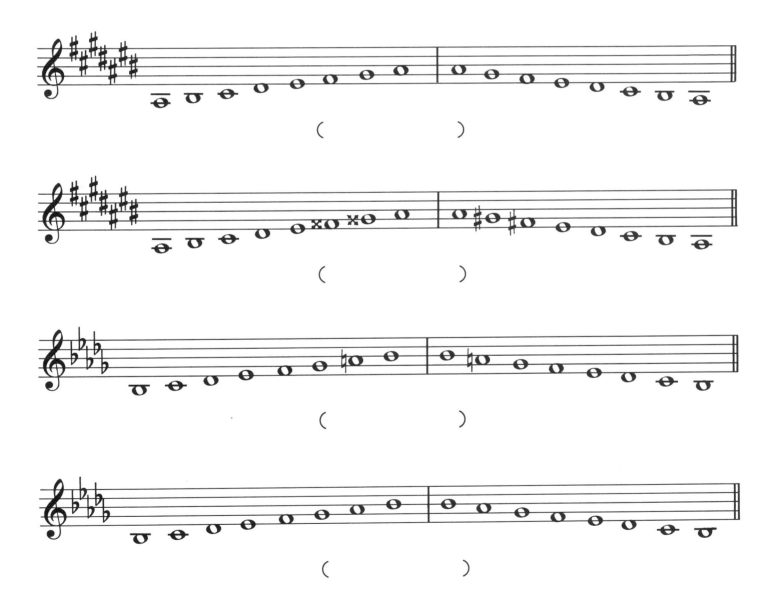

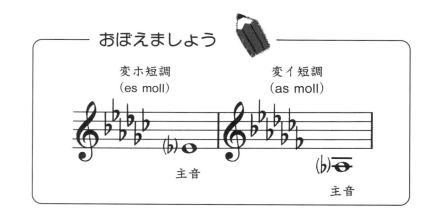

練習問題（3）

- 次の短音階の種類を書きましょう。

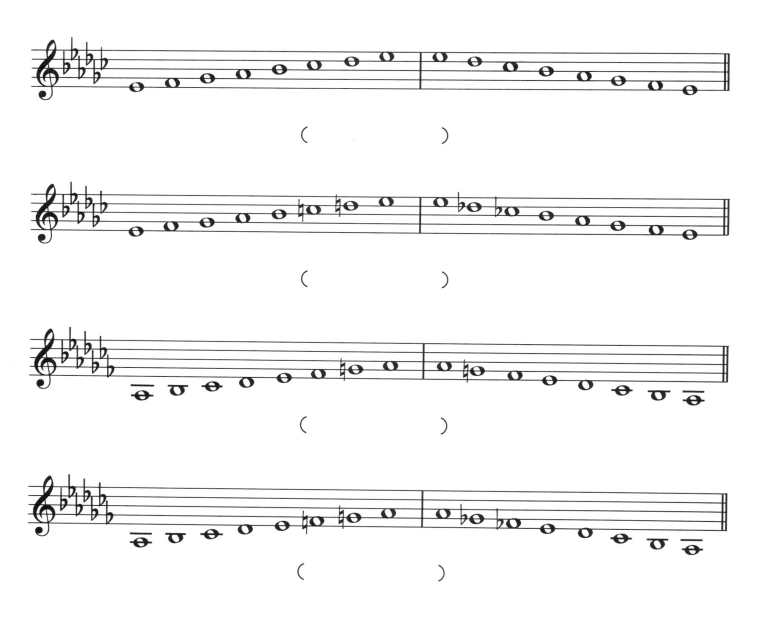

(　　　　)

(　　　　)

(　　　　)

(　　　　)

練習問題（4）

1. 次の調号の、短調の名前を書きましょう。

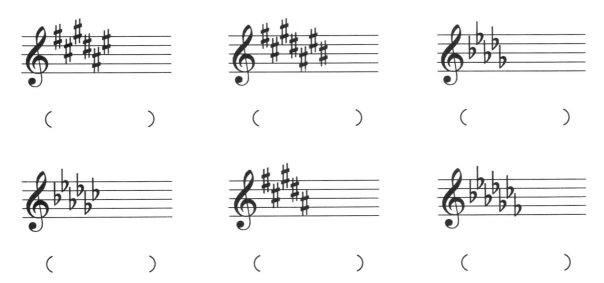

（　　　　）　　　（　　　　）　　　（　　　　）

（　　　　）　　　（　　　　）　　　（　　　　）

2. 変ロ短調の旋律短音階の上行と下行を、臨時記号を使って、二分音符で書きましょう。b〜b¹の中の音で書きましょう。

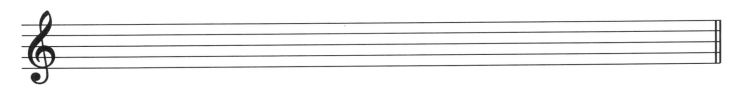

3. 嬰ニ短調の和声短音階の下行を臨時記号を使って、全音符で書きましょう。dis¹〜dis²の中の音で書きましょう。

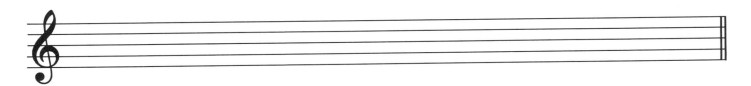

練習問題(5)

1. 嬰ト短調の自然短音階の上行を、日本音名で書きましょう。

   (嬰ト)→(　　)→(　　)→(　　)→(　　)→(　　)→(　　)→(　　)

2. 嬰イ短調の和声短音階の下行を、日本音名で書きましょう。

   (嬰イ)→(　　)→(　　)→(　　)→(　　)→(　　)→(　　)→(　　)

3. 変ロ短調の旋律短音階の上行・下行を、ドイツ音名で書きましょう。

   (b)→(　　)→(　　)→(　　)→(　　)→(　　)→(　　)→(　　)
   (b¹)→(　　)→(　　)→(　　)→(　　)→(　　)→(　　)→(　　)

4. 変ホ短調の和声短音階は、どの鍵盤を使いますか。(　)の中に○を書きましょう。

5. 嬰イ短調の旋律短音階の上行は、どの鍵盤を使いますか。(　)の中に○を書きましょう。

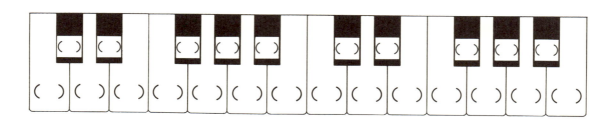

練習問題（6）

1. 次の短音階の名前と種類を書きましょう。

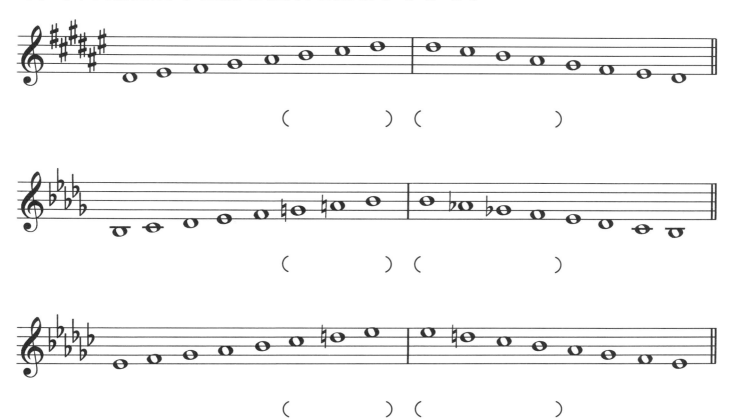

（　　　　）（　　　　　　）

（　　　　）（　　　　　　）

（　　　　）（　　　　　　）

2. 嬰ト短調の自然短音階の上行を、臨時記号を使って、全音符で書きましょう。

練習問題（7）

1. 変ホ短調の自然短音階と和声短音階の上行を、臨時記号を使って、全音符で書きましょう。

   （自然短音階）
   ・es^1〜es^2の中の音で書きましょう。

   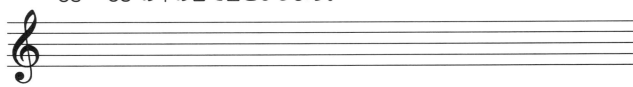

   （和声短音階）
   ・Es〜esの中の音で書きましょう。

2. 変イ短調の旋律短音階の上行・下行を、日本音名で書きましょう。

   （変い）→（　　）→（　　）→（　　）→（　　）→（　　）→（　　）→（　　）
   （変イ）→（　　）→（　　）→（　　）→（　　）→（　　）→（　　）→（　　）

3. 嬰ト短調の楽譜を、臨時記号を使って、短2度上で書きましょう。

   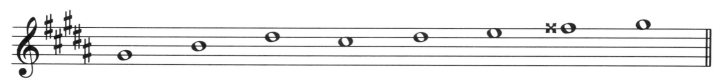

応用問題(5)

1. 次の調号の、短調の主音をg〜f¹の中の音を使って、全音符で書きましょう。

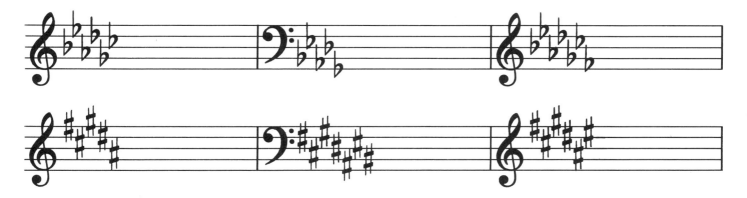

2. 次の調の調号を書きましょう。

嬰ト短調 　　　　　　　　変ホ短調 　　　　　　　　嬰ニ短調

嬰イ短調 　　　　　　　　変ロ短調 　　　　　　　　変イ短調

3. 変イ短調の旋律短音階の上行・下行を、ドイツ音名で書きましょう。

(as)→( )→( )→( )→( )→( )→( )→( )
(as¹)→( )→( )→( )→( )→( )→( )→( )

おぼえましょう

嬰ト短調の主な和音

練習問題(1)

- 嬰ト短調の和音について答えましょう。

    1. ⅰの第1転回形を 𝄢 の中の音を使って、全音符で書きましょう。

    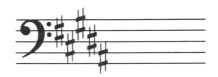

    2. ⅳの基本形を 𝄞 の中の音を使って、低い方から順にドイツ音名で書きましょう。

    (　　　)(　　　)(　　　)

    3. Ⅴの第2転回形を 𝄞 の中の音を使って、全音符で書きましょう。

    4. V_7 の基本形は、どの鍵盤を使いますか。低い方から順に番号で答えましょう。

    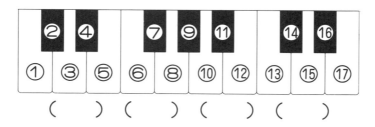

    (　　　)(　　　)(　　　)(　　　)

練習問題（2）

- 嬰ニ短調の和音について答えましょう。

    1. ｉの第2転回形を  の中の音を使って、全音符で書きましょう。

    2. ivの第1転回形を  の中の音を使って、低い方から順に日本音名で書きましょう。

    （　　　）（　　　）（　　　）

    3. V₇の基本形を  の中の音を使って、全音符で書きましょう。

    4. Vの第2転回形は、どの鍵盤を使いますか。低い方から順に番号で答えましょう。

    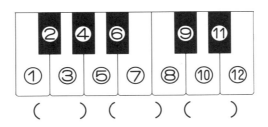

    （　　）（　　）（　　）

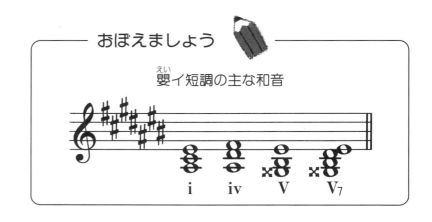

練習問題(3)

- 嬰イ短調の和音について答えましょう。

  1. i の第1転回形を  の中の音を使って、全音符で書きましょう。

  2. V_7 の第3転回形を、  の中の音を使って、低い方から順にドイツ音名で書きましょう。

     (　　　)(　　　)(　　　)(　　　)

  3. V の基本形を  の中の音を使って、低い方から順に日本音名で書きましょう。

     (　　　)(　　　)(　　　)

  4. iv の第1転回形は、どの鍵盤を使いますか。低い方から順に番号で答えましょう。

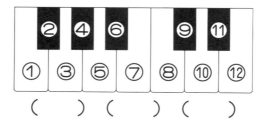

     (　　　)(　　　)(　　　)

練習問題(4)

- 変ロ短調の和音について答えましょう。

  1. i の第1転回形は、どの鍵盤を使いますか。低い方から順に番号で答えましょう。

     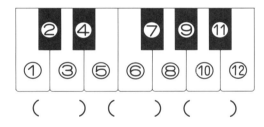

     (　　)(　　)(　　)

  2. V_7 の第2転回形を 𝄢 の中の音を使って、全音符で書きましょう。

  3. iv の基本形を 𝄞 の中の音を使って、全音符で書きましょう。

  4. V の第1転回形を 𝄢 の中の音を使って、低い方から順にドイツ音名で書きましょう。

     (　　　)(　　　)(　　)

練習問題(5)

- 変ホ短調の和音について答えましょう。

  1. ⅰの第1転回形を  の中の音を使って、低い方から順に日本音名で書きましょう。

     (　　　)(　　　　)(　　　)

  2. V_7 の第1転回形は、どの鍵盤を使いますか。低い方から順に番号で答えましょう。

     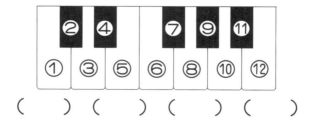

     (　)(　)(　)(　)

  3. Ⅴの第1転回形を  の中の音を使って、全音符で書きましょう。

  4. ⅳの基本形を 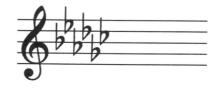 の中の音を使って、全音符で書きましょう。

> **おぼえましょう**
>
> 変イ短調の主な和音
>
>
>
> i   iv   V   V₇

練習問題（6）

- 変イ短調の和音について答えましょう。

  1. Ⅴの基本形は、どの鍵盤を使いますか。低い方から順に番号で答えましょう。

     （　）（　）（　）

  2. ⅰの第2転回形を 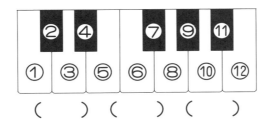 の中の音を使って、全音符で書きましょう。

  3. ⅳの第1転回形を  の中の音を使って、低い方から順にドイツ音名で書きましょう。

     （　　）（　　　）（　　　）

  4. Ⅴ₇の第3転回形を 𝄢 の中の音を使って、低い方から順に日本音名で書きましょう。

     （　　）（　　）（　　　）（　　）

練習問題（7）

1. 嬰ト短調のⅤの基本形を 𝄞 の中の音を使って、低い方から順に日本音名で書きましょう。

   （　　　）（　　　）（　　　）

2. 嬰ニ短調のivの基本形を 𝄞 の中の音を使って、低い方から順にドイツ音名で書きましょう。

   （　　　）（　　　）（　　　）

3. 鍵盤をみて、番号で答えましょう。

- 嬰イ短調のⅤの第1転回形は、どの鍵盤を使いますか。低い方から順に書きましょう。

   （　　　）（　　　）（　　　）

- 変ロ短調のⅤ₇の第2転回形は、どの鍵盤を使いますか。低い方から順に書きましょう。

   （　　　）（　　　）（　　　）（　　　）

- 変ホ短調のiの第2転回形は、どの鍵盤を使いますか。低い方から順に書きましょう。

   （　　　）（　　　）（　　　）

- 変イ短調のivの第1転回形は、どの鍵盤を使いますか。低い方から順に書きましょう。

   （　　　）（　　　）（　　　）

応用問題(6)

1. 鍵盤をみて、答えましょう。

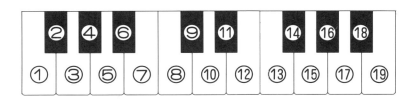

- 嬰ト短調のivの第2転回形を選んで、（ ）の中に○を書きましょう。

- 変ロ短調のVの基本形を選んで、（ ）の中に○を書きましょう。

2. 次の調号の、短調の和音を全音符で書きましょう。

- c^1〜c^2の中の音で書きましょう。

- A〜aの中の音で書きましょう。

ステップ⑦

おぼえましょう

速度を表す楽語

Largo ……… Moderato ……… Allegro ………
（ラルゴ）　　　（モデラート）　　　（アレグロ）

おそい ←──────────────→ 速い

練習問題(1)

1. 速度を表す楽語の中で最もおそいのは、どれですか。（　）の中に○を書きましょう。

（　）Andante　（　）Allegro　（　）Moderato　（　）Presto

（　）Allegretto　（　）Largo　（　）Andantino

2. 速度を表す楽語の読み方を書きましょう。

Lento（　　　　）　Andante（　　　　）　Presto（　　　　）

Moderato（　　　　）　Largo（　　　　）　Allegro（　　　　）

3. 速度を表す楽語の、速さの速い順に番号を書きましょう。

（　）Allegretto　（　）Presto　（　）Andante　（　）Largo

（　）Andantino　（　）Moderato　（　）Allegro

おぼえましょう

速度を変える楽語

rit.（リタルダンド）……………………だんだん遅く
rall.（ラレンタンド）……………………だんだんゆるやかに
accel.（アッチェレランド）………………だんだん速く
a tempo（ア テンポ）…………………もとの速さで
Tempo I（テンポ プリモ）………………最初の速さで

練習問題（2）

1. 楽語の読み方を書きましょう。

rall.（　　　　　）　*rit.*（　　　　　）　*accel.*（　　　　　　）

a tempo（　　　　　　）　Tempo I（　　　　　　）

2. 楽語の意味を選んで、（　）の中に○を書きましょう。

Tempo I………（　）もとの速さで　（　）最初の速さで　（　）少し前の速さで
rit.……………（　）急に遅く　　　（　）少し遅く　　　（　）だんだん遅く
a tempo………（　）もとの速さで　（　）最初の速さで　（　）少し前の速さで
accel.…………（　）急に速く　　　（　）少し速く　　　（　）だんだん速く

3. 楽語の正しい書き方を選んで、（　）の中に○を書きましょう。

（　）*a tenpo*　　（　）Tempo II　　（　）Tempo I

（　）*rell.*　　　（　）*a tempo*　　（　）*rall.*

おぼえましょう

速さと強弱を変える楽語
(弱くしながらだんだん遅く)
calando(カランド)
morendo(モレンド)
smorzando(ズモルツァンド)

おぼえましょう

いろいろな楽語
legato(レガート)……………………なめらかに
leggiero(レッジェーロ)……………………軽く
dolce(ドルチェ)……………………甘くやわらかに
marcato(マルカート)……………………はっきりと
con moto(コン モート)……………………動きをつけて
poco(ポーコ)……………………少し

練習問題(3)

1. 速さと強弱の変わる楽語を選んで、(　)の中に○を書きましょう。

(　)*rit.*　(　)*morendo*　(　)Tempo I　(　)*rall.*

(　)*accel.*　(　)Moderato　(　)*smorzando*

2. 楽語の読み方を書きましょう。

dolce(　　　　)　*legato*(　　　　)　*morendo*(　　　　)

marcato(　　　　)　*con moto*(　　　　)

poco(　　　　)　*leggiero*(　　　　)

3. 楽語の意味を書きましょう。

legato(　　　　)　*marcato*(　　　　)

calando(　　　　)　*leggiero*(　　　　)

con moto(　　　　)　*poco a poco*(　　　　)

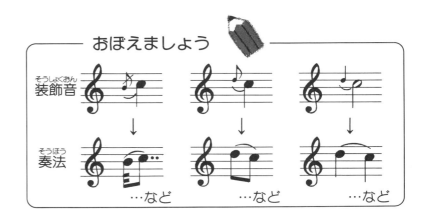

練習問題（4）

1. 正しい奏法を選んで、（　）の中に○を書きましょう。

2. 次の音符は、どの装飾音の奏法ですか。線でつなぎましょう。

― おぼえましょう ―

ターン　プラルトリラー　トリル　アルペッジョ

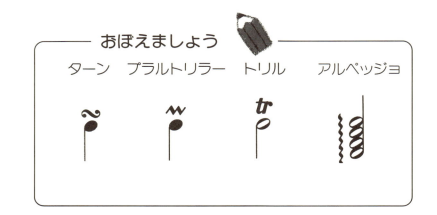

練習問題（5）

1. 記号の読み方を書きましょう。

   （　　　　）（　　　　）（　　　　）（　　　　）

2.

   の正しい奏法を選んで、（　）の中に○を書きましょう。

3.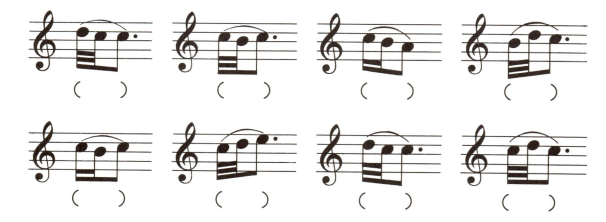

   の正しい奏法を選んで、（　）の中に○を書きましょう。

応用問題(7)

1. 楽語の意味を書きましょう。

Allegro(　　　　　　　)　　Allegretto(　　　　　　　　)

rit.(　　　　　　　)　　Andante(　　　　　　　　)

a tempo(　　　　　　　)　　Tempo I(　　　　　　　　)

dolce(　　　　　　　)　　Moderato(　　　　　　　　)

rall.(　　　　　　　)　　poco a poco(　　　　　　　　)

2. 速度を表す楽語を選んで、( )の中に○を書きましょう。

(　)dolce　　(　)Tempo I　　(　)Allegro　　(　)rit.

(　)calando　(　)legato　　(　)Moderato　(　)leggiero

(　)rall.　　(　)Vivo　　　(　)a tempo　　(　)cantabile

3. の正しい奏法を選んで、( )の中に○を書きましょう。

(　)　　(　)　　(　)　　(　)

テスト(1)

1. 正しい音符の長さを表わしているのは、どれですか。（ ）の中に○を書きましょう。

( ) ♩ + ♪ + ♪ = ♩..　　　　　( ) ♪ − ♪ − ♪ = ♪

( ) ♩ + ♪ + ♩ = ♩..　　　　　( ) ♪. − ♪ − ♪ = ♪

( ) ♩ + ♩. + ♪ = ♩..　　　　　( ) 𝄽 + 𝄾. + 𝄽 = 𝄼

2. 鍵盤をみて、答えましょう。

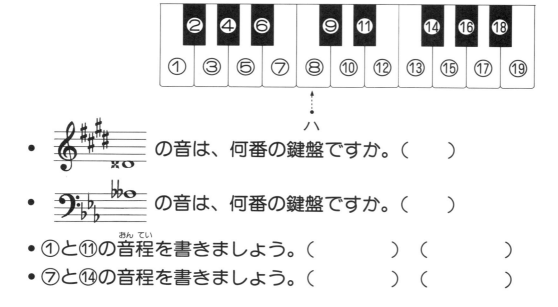

- の音は、何番の鍵盤ですか。（ 　 ）
- の音は、何番の鍵盤ですか。（ 　 ）
- ①と⑪の音程を書きましょう。（ 　　　 ）（ 　　　 ）
- ⑦と⑭の音程を書きましょう。（ 　　　 ）（ 　　　 ）

3. 次の調の調号と、主音を の中の音を使って、八分音符で書きましょう。

　　変イ長調　　　　　　嬰ニ短調　　　　　　変ホ短調

テスト(2)

1. 変イ短調の和声短音階の下行を、G～aの中の音を使って、日本音名で書きましょう。

   (　　)→(　　)→(　　)→(　　)→(　　)→(　　)→(　　)→(　　)

2. ロ長調のⅤの和音を選んで、(　)の中に○を書きましょう。

   (　)　(　)　(　)　(　)　(　)　(　)　(　)

3. 次の調の和音を書きましょう。全音符を使って、基本形・第1転回形・第2転回形を書きましょう。

   変ニ長調
   (c～gの中の音で書きましょう)
   Ⅳ

   嬰ト短調
   (e¹～a²の中の音で書きましょう)
   ⅳ

4. 音程を書きましょう。

   (　　)(　　)(　　)(　　)(　　)(　　)

5. 鍵盤をみて、答えましょう。

   ・④と⑧の音程を書きましょう。(　　　　)(　　　　)
   ・⑦と⑯の音程を書きましょう。(　　　　)(　　　　)

テスト(3)

1. 次の各調の調号と、主音をg〜f¹の中の音を使って、二分音符で書きましょう。

   変イ短調　　　　　嬰ニ短調　　　　　変ロ長調

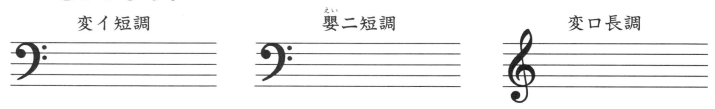

2. 次の音符を長3度上になおしましょう。

3. 音程を書きましょう。

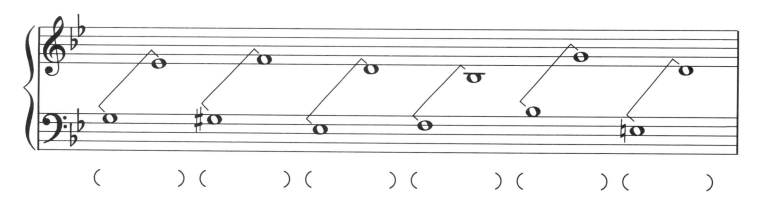

（　　）（　　）（　　）（　　）（　　）（　　）

4. だんだんおそくする意味の楽語を書きましょう。（　　　　）

5. 速度を表す楽語の速い方を選んで、（ ）の中に○を書きましょう。

Allegretto　　**Allegro**　　　　　**Andante**　　**Andantino**
（　）　　　（　）　　　　　（　）　　　（　）

音楽ドリルワークブック⑦

● 解 答 編 ●

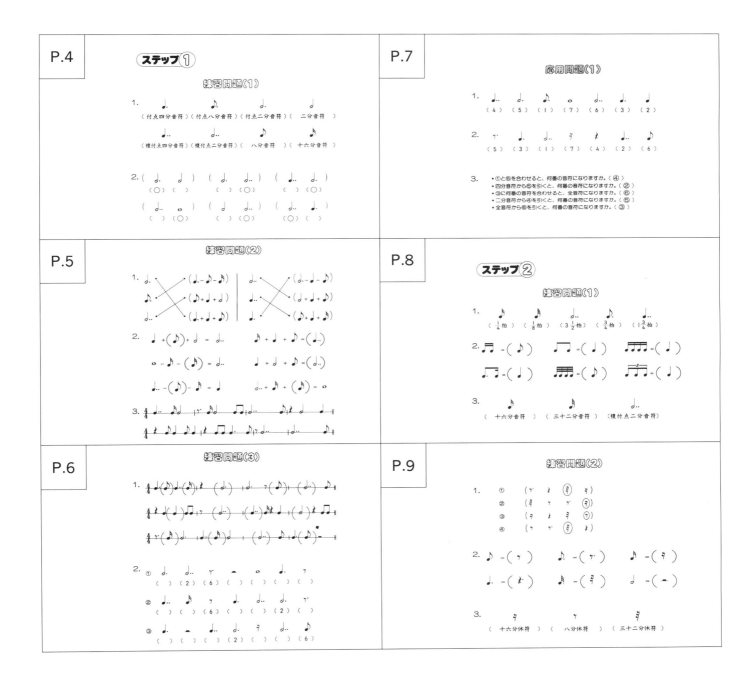

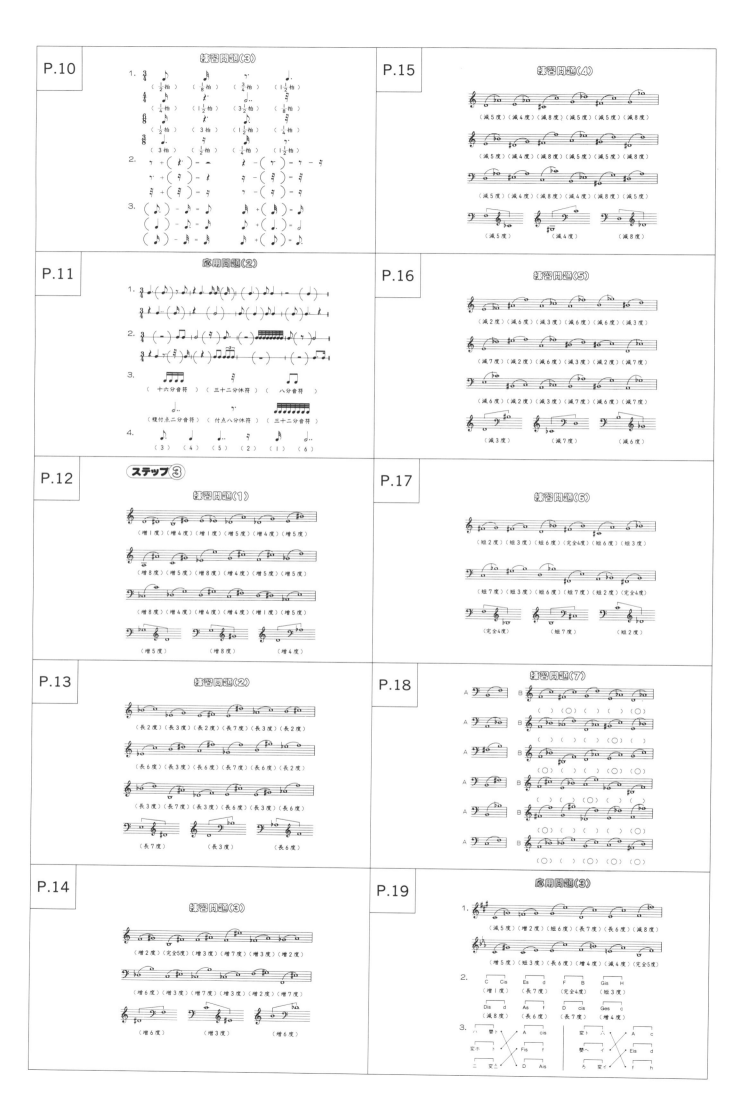

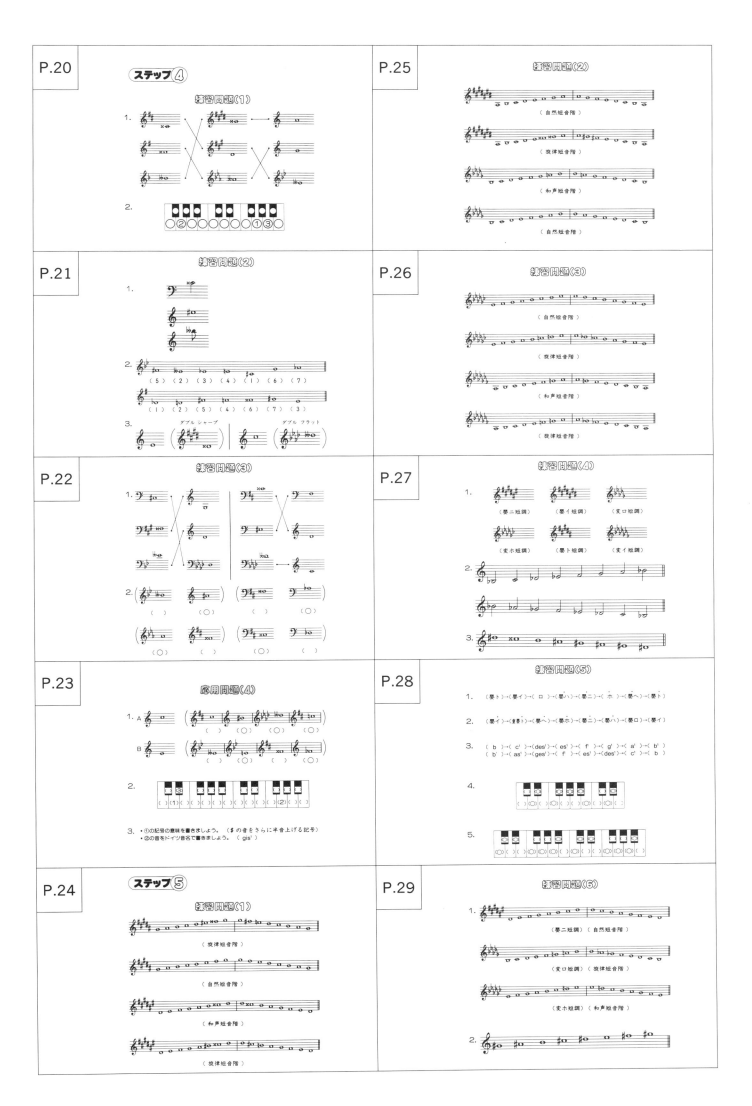

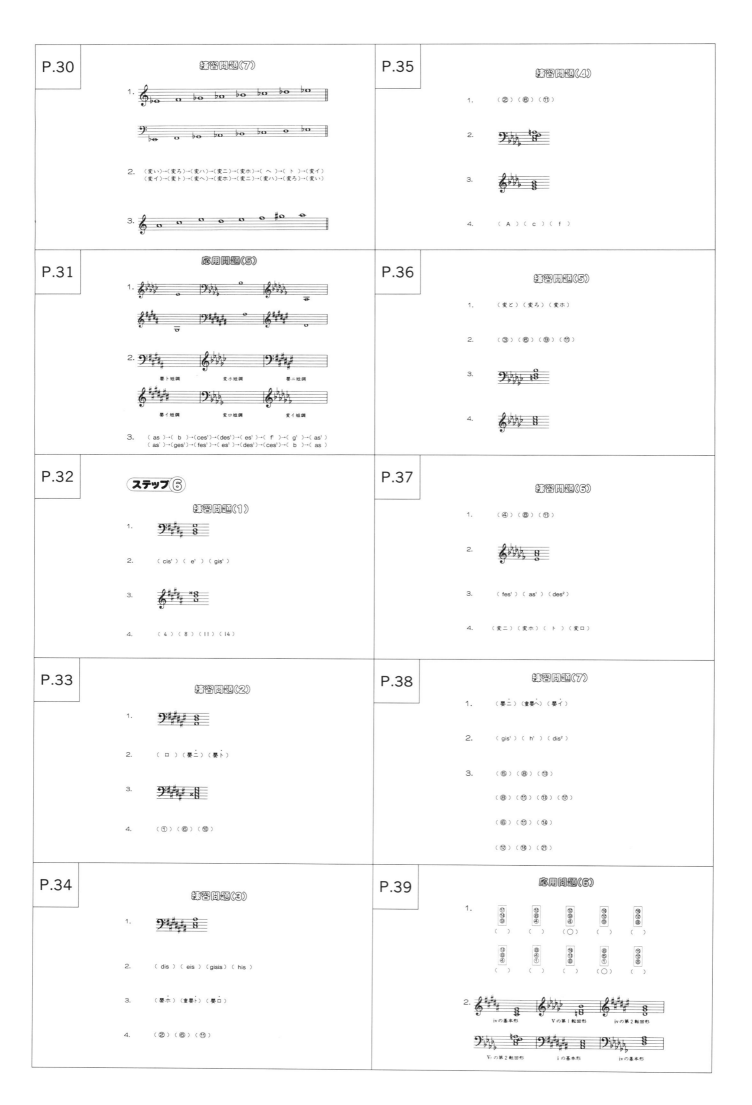

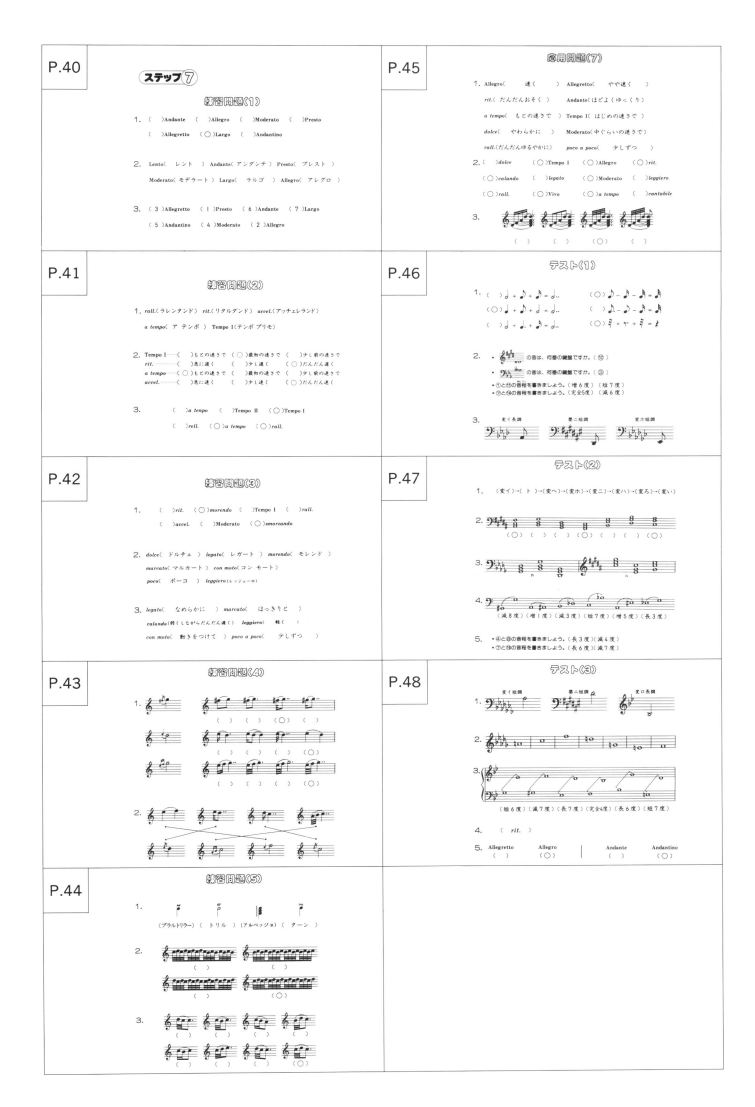

新版 音楽ドリル
ワークブック ⑦

編	田丸信明	発行年月日	1994年3月15日　初版
表紙デザイン	河村静枝		2014年5月1日　第12刷
イラストレーション	秋里信子（表紙）・沢田真知子（本文）	発行人	栗原きよみ
編集協力・製作	株式会社 トーオン	編集人	宮本光広
		発行所	株式会社 学研パブリッシング
			〒141-8412　東京都品川区西五反田 2-11-8
		発売元	株式会社 学研マーケティング
			〒141-8415　東京都品川区西五反田 2-11-8

© 1994 Gakken Publishing Co., Ltd. Printed in Japan
本書の無断転載、複製、複写（コピー）、翻訳を禁じます。

本書を代行業者等の第三者に依頼してスキャンやデジタル化することは、
たとえ個人や家庭内の利用であっても、著作権法上、認められておりません。

学研の商品についての新刊情報・詳細情報は、下記をご覧ください。
学研 おんがく.net（楽譜）http://gakken-publishing.jp/ongaku/
学研出版サイト（書籍・雑誌）http://hon.gakken.jp/

この楽譜に関する各種お問い合わせ先
【電話の場合】
●編集内容については　Tel. 03-6431-1221（編集部直通）
●在庫、不良品（落丁・乱丁）については　Tel. 03-6431-1220（販売部直通）
【文書の場合】
〒141-8418　東京都品川区西五反田 2-11-8
学研お客様センター『新版 音楽ドリル ワークブック⑦』係

皆様へのお願い
　楽譜や歌詞・音楽書などの出版物を権利者に無断で複製（コピー）することは、著作権の侵害にあたり、著作権法により罰せられます。
　また 出版物からの不法なコピーが行われますと、出版社は正常な出版活動が困難となり、ついには皆様方が必要とされるものも出版できなくなります。

音楽出版社と日本音楽著作権協会（JASRAC）は、著作者の権利を守り、なおいっそう優れた作品の出版普及に全力をあげて努力してまいります。
どうか不法コピーの防止に、皆様方のご協力をお願い申しあげます。
　　　　　　　　　　　　株式会社 学研パブリッシング
　　　　　　　　　　　　一般社団法人 日本音楽著作権協会（JASRAC）

新編 こどものハノン
田丸信明 編

上巻

練習曲1番〜20番（8分音符による練習）

音階 ハ長調・ト長調・ニ長調・イ長調・ホ長調・イ短調・ホ短調・ロ短調・嬰ヘ短調・嬰ハ短調・ヘ長調・変ロ長調・変ホ長調・変イ長調・ニ短調・ト短調・ハ短調・ヘ短調（2オクターブ）

●菊倍判　●56ページ　●本体価格800円（税別）

下巻

練習曲21番〜38番（16分音符による練習）

音階 ハ長調・ト長調・ニ長調・イ長調・ホ長調・ロ長調・イ短調・ホ短調・ロ短調・嬰ヘ短調・嬰ハ短調・嬰ト短調・ヘ長調・変ロ長調・変ホ長調・変イ長調・変ニ長調・ニ短調・ト短調・ハ短調・ヘ短調・変ロ短調（4オクターブ）・半音階

分散和音 ハ長調・ト長調・ニ長調・ヘ長調・変ロ長調・イ短調・ホ短調・ロ短調・ニ短調・ト短調

●菊倍判　●68ページ　●本体価格800円（税別）

上・下巻とも練習曲にはリズム変奏がついています。

修了証書

_____ さん

「新版 音楽ドリル・ワークブック」第7巻を
修了したことを証します。

年　　　月　　　日
_____

教室名 _____

指導者名 _____

（切りとり線）